Tadpole Books are published by Jump!, 5357 Penn Avenue South, Minneapolis, MN 55419, www.jumplibrary.com

Editor: Jenna Trnka **Designer:** Anna Peterson **Translator:** Annette Granat

Photo Credits: s_oleg/Shutterstock, cover; KK Tan/Shutterstock, 1; SerrNovik/iStock, 2–3, 12 (girl), 16tr; Sergey Novikov/Shutterstock, 4–5, 14–15, 16tm; michelle_d/iStock, 6–7, 16bl; Kozak Dmytro/Shutterstock, 8–9 (foreground); Thaiview/Shutterstock, 8–9 (background), 16br; Beneda Miroslav/Shutterstock, 10 (boy); Volodymry Kyrylyk/Shutterstock, 10–11, 16bm; NicolasMcComber/iStock, 12–13, 16tl.

Library of Congress Cataloging-in-Publication Data
Names: Kenan, Tessa.
Title: Las bicicletas / por Tessa Kenan.
Other titles: Bikes. Spanish
Description: Minneapolis, MN : Jump!, 2018. | Series: ¡Vamos! | Includes index.
Identifiers: LCCN 2018011197 (print) | LCCN 2018011869 (ebook) | ISBN 9781641280990 (ebook) | ISBN 9781641280983 |
ISBN 9781641280983 (hardcover : alk. paper)
Subjects: LCSH: Bicycles—Juvenile literature. | CYAC: Bicycles and bicycling. | LCGFT: Picture books. | Illustrated works.
Classification: LCC TL412 (ebook) | LCC TL412 .K4618 2018 (print) | DDC 629.227/2—dc23
LC record available at https://lccn.loc.gov/2018011197

¡VAMOS!

LAS BICICLETAS

por Tessa Kenan

TABLA DE CONTENIDO

tadpole books

LAS BICICLETAS

Busca tu casco.

Busca tu bicicleta.

SCHOOL

Vamos en bicicleta a la escuela.

Vamos en bicicleta a la playa.

Vamos en bicicleta al parque.

biblioteca

Vamos en bicicleta a la biblioteca.

¡Vamos!

REPASO DE PALABRAS

biblioteca

bicicleta

casco

escuela

parque

playa

ÍNDICE